EU GRITO O GUETO

Um tapa Poético na Cara do Sistema

Ronaldo Santiago

ISBN-13: 9798851550003
Selo editorial: Independently published

Design da capa por: Pintor de arte
Número de controle da Biblioteca do Congresso: 2018675309

Impresso nos Estados Unidos da América

Dedico este livro a todas as pessoas provenientes do gueto e de situações de vulnerabilidade.

*Que estas páginas sejam um incentivo para acreditar que a evolução social é possível e que devemos acreditar em nós mesmos,
buscando a mudança pessoal que, por sua vez, impacta a transformação social.*

Dedico também este livro a todos os leitores presentes, independentemente de sua situação financeira ou classe social, pois estar aqui demonstra a crença na mudança de paradigmas.

ÍNDICE

INTRODUÇÃO

Este livro não é só para ser lido. Ele é para ser sentido.

"Eu Grito o Gueto: Um Tapa Poético na Cara do Sistema" é um grito, uma provocação, um convite para olhar de frente a realidade do gueto — suas dores, suas cores, sua força.

Aqui, as ruas ensinam mais do que qualquer escola. As cicatrizes são diplomas e os olhares, mapas de resistência. Cada verso é um soco, cada memória é um alerta: a vida no gueto não é invisível, ela pulsa.

Você vai encontrar poesia que denuncia o racismo, que questiona estruturas, que rompe com estereótipos. Mas também vai encontrar celebração: do povo, da cultura, do orgulho de ser quem se é. Este livro não tem meias palavras, não pede licença. Ele chega para provocar, para sacudir, para despertar consciência.

Se prepare para sentir. Para refletir. Para se incomodar.

"Eu Grito o Gueto" não é apenas um livro — é um manifesto, um tapa poético, um chamado para enxergar, ouvir e respeitar histórias que resistem.

CAPÍTULO 1

MENINO DO GUETO

(memória, infância, formação, identidade)

Neste capítulo, Ronaldo Santiago nos leva às ruas, às memórias e à vida do gueto. Com versos que misturam autobiografia, resistência e identidade, ele revela como é crescer em um lugar onde os obstáculos são muitos, mas a força e a autoestima são maiores.

Aqui, o "preto" não se cala; ecoa, reivindica espaço e celebra suas raízes, sua história e sua Bahia. Um convite a sentir, refletir e se conectar com a vida intensa do menino do gueto.

vizinhança

toda mãe é tia

toda tia

trata a gente com alegria

abre a porta

dá de beber

se criança

tem fome

dão de comer

se briga na rua

tem que obedecer

se mamãe tá na luta

a tia olha você

se precisa dormir

aparece um cantin

se não tem para onde ir

faz prosa com o vizin

se não tem para onde ir

quando criança

catávamos

cajá

acerola

pitanga

corríamos para bide

só

para pegar mangas

pisávamos no mato

descalços

suados

cansados

ficávamos parados

Resenhando

matando o tempo

enquanto estávamos proseando

momentos de traquinagem

lembranças registradas

na memória

da nossa molecagem

reconstrução

campo de barro

sapato furado

short rasgado

todo suado

criança correndo

maior alegria

perfume de lama

prazer em sentir

às vezes chovendo

trazendo harmonia

sorrindo e jogando

desejo sem fim

em casa um chuveiro

desfazendo o meu corpo

na mente um desejo

fazer tudo de novo

obstáculos

decidi nadar

contra a maré

por isso

nadar não aprendi

no sufoco

eu parei

nas profundezas

não fui capaz de ir

aprendi que na vida

nada

é tão simples assim

se quiser vencer

tem que nadar

se quiser descobrir

tem que ir

quem sou eu

sou Ronaldo Santiago

sou nascido em Salvador

sou criado na baixada

sou cria do pelô

sou da rua

sou da estrada

sou daqui

sou dali

sou de fora

sou de casa

sou modelo

sou ator

sou da chuva

sou do vento

sou poeta

sou do gueto

sou Axé

de onde você vem?

é claro que

sou de Salvador

onde o samba e o pagode

me conquistou

sei que na Bahia

eu me encontro

eu me perco

foi lá

que me criei

nasci

cresci

estudei

no gueto

me formei

depois me doutorei

na pista

desfilei

no ponto

nem parei

hoje

sou doutor

faculdade

nem cursei

no gueto

me formei

ser grande

ninguém

acredita em ti

se você mesmo

não acreditar

ninguém

leva fé

se você

não move o pé

ninguém

te dá atenção

até que o teu grito

ruja como um leão

só realiza quem sonha

acredita em você

somente você

é capaz de saber

o que vai ser

quando crescer

não seja small

seja big

dentro de ti

seja capaz

de sonhar

e se alguém

te disser

você é sonhador

sorria

fada madrinha

não sei

se tu te lembras

defronte para zara

lá no iguatemi

sentados no banco

no point do café

me fizeste uma proposta

de levar-me pra São Paulo

naquela reunião

fiquei muito feliz

acabei dizendo sim

mas falaste para mim

que nada era em vão

saquei a tua proposta

e então

eu disse não

não sei o que passou

você se indignou

praga em mim rogou

não tem mais fantasia

nem fada madrinha

o teu destino

é a Bahia

olhei para ti

e o meu sorriso vinha

picolé de fumo

adolescente traquino

coisa de menino

eu na escola

a professora falando

a galera zuando

eu bagunçando

a professora gritando

olhando pra mim

respeite o seu professor

picolé de fumo

endiabrado

risadas

gargalhadas

até gente chorou

eu

no momento

calor da emoção

não vi preconceito

só vi gastação

chegando em casa

Mamuska foi sabendo

no dia seguinte

maior aflição

Mamuska revida

a minha situação

professora correndo

com medo

gritando

Mamuska

seguindo-a

indagando-a

negros e homens

entre negros

me destaco

entre homens

nada sou

entre negros

sou bonito

entre homens

nada sou

entre negros

sou futuro

entre homens

nada sou

entre negros

sou guerreiro

entre homens

nada sou

entre negros

sou homem

entre homens

tenho

cor

CAPÍTULO 2

IRONIA DO RACISMO

(racismo cotidiano, ironia, polícia, estereótipos)

Neste capítulo, a poesia é escudo e lança. Cada verso denuncia, provoca e questiona. O racismo cotidiano, a ironia social, os estereótipos: nada passa despercebido. Prepare-se para ouvir o grito do gueto que não se cala.

BLOCO 1

Aqui, o preto é herdeiro e guerreiro.

Não se curva, não se cala, não se confunde.

Entre memórias e afirmações, a autoestima e a ancestralidade ganham voz.

quem é ele

o preto

é filho de preto

descende

de africano

que vive

lutando

herdeiro

de quem lutou

o preto

é milhares

o preto

é um só

o preto

não se cala

o preto

não grita

à toa

o preto

ecoa

coisa nossa

tem preto

que me chama de

preto

tem preto

que me chama de

pretin

tem preto

que me chama de

nego

tem preto

que me chama de

neguin

só negro

sabe o que é

negro

só negro

tem

lutas afins

preto até o fim

atraente

por ser preto

atraído

pelos pretos

tentaram

me enganar

tudo Isso

quando

eu fui desfilar

quiseram

me americanizar

meu

nariz afinar

meu dialeto

ofuscar

meu gueto

menosprezar

minha pele

maquiar

mas

não demorou

o tempo

passou

tiveram

de me aturar

preto no preto

betume

cor de asfalto

preto

que não se vê

para quê

usar preto

se preto

já é você?

ser preto

é privilégio

honrado sou

por nascer

cabelo

é pixaim

sou preto

com dendê

coitado

não de mim

ofuscante

eu consumi o sol

só pra ver

a escuridão

preto

me enxerguei

negro

é o meu coração

iluminante

brilhante

natural

inveja oculta

quando

você me olha

você ri

mas quando

você ri

você ri

de mim

ou

ri de ti?

se você

ri de mim

agradeço

mas

se você

ri de ti

não seja

tão infeliz

invejoso

fala mal

do meu cabelo

dizendo que é duro

fala mal

da minha cor

só porque sabe

que brilho

até no escuro

ri

da minha presença

só porque sabe

que gera

sua ausência

BLOCO 2

RACISMO COTIDIANO & POLÍCIA

Olhos que julgam, mãos que prendem, olhares que julgam antes do fato.

Versos que denunciam a rotina da opressão e a força de resistir.

ronda de rotina

caminhava

tranquilamente

guarda chuva

aberto

pensamento

na mente

entre a pista

e eu

para o lixo

um recipiente

como

num passe

de mágica

a polícia

na minha

frente

olhou

para mim

me enquadrou

documento

pediu

depois

me liberou

século XXI

mais um

sobrevivente

característica

sandália

camiseta

bermuda jeans

estação da lapa

esperando o ônibus

que está por vir

sirene

polícia

camburão

mão na cabeça

procura-se

um ladrão

tranquilo

esse aqui

não tem nada não

pega a mochila

cata

suas coisas

do chão

desculpa

essa é a nossa função

tô cansado de ver

a polícia descendo

todo dia na BXT

sem respeito

na quebrada

invadindo casas

derrubando portas

xingando

mães

tias

vizinhas

causando

medo

crianças correndo

com o coração

a mil

tomando cuidado

para não

serem encontradas

por balas

perdidas

com o coração

a mil

seja mais passivo

aé?

quantas vezes

você

tomou um tapa

na cara

dum gambé?

quantas vezes

você

foi confundido

com um ladrão?

quantas vezes

te ofereceram

gorjetas

porque

te confundiram

com um mendigo?

quantas vezes

te seguiram

numa loja

porque

segundo as estatísticas

você

representa

a cor do crime?

quantas vezes

te disseram

você nasceu

para isso

quando o assunto

é fazer

trabalho pesado

ou menosprezante?

quantas vezes?

quantas vezes?

quantas vezes?

quantas vezes

não te disseram

você pode ser

muito mais

do que

seu próprio sonho?

talvez

você cresceu escutando

que deveria estudar

somente pensar

em trabalhar

após ter concluído

a faculdade

ou muito além disso

Eu não

sempre tive que trabalhar

ser resiliente

enfrentar as adversidades

demonstrar força

mesmo no momento

de

maior

fragilidade

menos um

um pobre

passou

um granfino

gritou

pega

ladrão

o pobre

parou

o granfino

gritou

pega

ladrão

mãos

para o alto

baculejo

pro chão

meteram

o coitado

no camburão

pobre

granfino

menos um

no mundo

da corrupção

estatística

um dia

escrevendo

ou nada fazendo

pô

pô

um barulho

me assustou

ele

tinha apenas

13 anos

BLOCO 3

 história não se esquece, a luta não se silencia. Raízes, memória e resistência se encontram em cada palavra.

literaturas

nunca parei

para ler

nunca

quis saber

fui nos africanos

comecei

a compreender

descobri que

os angolanos

beberam

dos brasilianos

e que

os brasilianos

não conhecem

os africanos

moçambicanos

guiné-bissanos

cabo-verdianos

lusófonos

literados

literandos

resgate da raiz

não me importa

se sou

descendente

de rei

e rainha

camponês

ou serviçal

o que

me importa

é

minha história

tá ligado

ao meu

ancestral

África

como objeto

de estudo

para nós

que somos

pretos

é

fundamental

privilegiado

Brasil

país original

coberto

por Cabral

descoberto

pelos índios

em convívio

cultural

maior

país latino

duma flora

fenomenal

atraído

pela riqueza

atraente

pela beleza

Portugal

aqui chegou

mostrando

sua natureza

fingindo

irmandade

dominando

os Índios

na trairagem

só que isso

não durou

cansado

de tentar

nova ideia

Portugal forjou

na África

pensou

sequestrou

o nosso povo

depois

o escravizou

só que a gente

batalhou

e hoje

aqui estou

sob olhares

de guerreiros

que

lutaram

por

amor

quantos pretos?

quantos pretos

nasceram

pretos

sem orgulho

de ser

preto?

com vergonha

de ser

preto?

quantos pretos

ainda

não sabem

a força

do povo

preto

povo sem essência

o peito do pé

de Pedro

não é preto

inocente

brincando

Pedro o pintou

admirada

assustada

muita gente

comentou

falaram

de Pedro

do corpo

de Pedro

e da

sua cor

Pedro parou

nada falou

mas ele pensou

o povo é assim

reage assim

não liga pra alma

mas fala de mim

falácias

74

sou

melhor

sou

superior

a todas as raças

sou

aquele

que carrega

o fardo

sou

aquele

que

Deus

iluminou

sou

louco

alguém

me interna

por favor

camuflagem

brincadeiras

inocentes

piadas

indecentes

são coisas

observadas

no durar

do dia a dia

preconceito

racismo

trocados por ironia

BLOCO 4

CULTURA, IRONIA & RESPOSTA

 ironia é arma, a cultura é escudo. Entre críticas e celebrações, o gueto se mostra em toda sua riqueza e força.

oxente

fala mal do

baiano

só porque

diz oxente

fala mal do

baiano

só porque

tem praia decente

fala mal do

baiano

só porque

você é diferente

fala mal do

baiano

só porque

não é

gente da gente

fala mal do

baiano

vai

papo direto

meu papo

não é reto

porém

é direto

direto ao ponto

te leva

a refletir

crescer

evoluir

querer

ser alguém

deixar

de ser ninguém

ser sempre

nota cem

sem neurose

das pessoas

que não te deixam

subir no trem

meu hino

quando criança

eu

não compreendia

Racionais

MV Bill

Sabotagem

e outros mais

talvez

meu inconsciente

julgasse o rap

por não compreender

o efeito reverso

que ele faz

só mesmo quem é

Negro Drama

compreende o Rap

e sabe

a mensagem

que ele traz

Sapiência falou

se a coisa tá preta

a coisa tá boa

um branco paulista

me olhando falou

passa quiboa

veneno jogado

não revidado

nem mesmo aceitado

só mata

quem lançou

tão podre por dentro

tão jovem infeliz

por fora morrendo

sem nenhum valor

preto do gueto

favela ou da pista

por ti

tenha amor

valorize

sua história

ame

o povo preto

ame

quem te dá valor

pega a visão

preto correndo

não é ladrão

preste atenção

sou preto

sou pobre

sou gueto

sou água

sou terra

sou vento

sou matéria

sou céu

sou chão

sei

que sou foda

meu corpo

incomoda

tô sempre

na moda

sou preto

sou negão

sinhô magnata

grande Adalberto

sempre bom

ter você perto

aqui tem

café

pão

leite

biscoito

farinha

açúcar

macarrão

a cesta tá

quase completa

só falta

carne

tempero

arroz

e feijão

eita

nego arretado

hoje tem festa

come afobado

Isso sim

que é gente boa

vive

perambulando

mas nunca

tá à toa

se fosse eu

um médico

registro

não te dava não

nego assim

já nasce apto

sai do hospital

correndo

nú

com a mão

no bolso

sem

imposto

nem

pretensão

por isso

cuido

dos que tão

a toa

patrão assim

cê não

vê não

mas

fique tranquilo

gente

como você

jamais

será patrão

preto

já nasce

sabendo

aprender

é pros

barão

dá-me

este livro

Adalberto

se preocupe

com essas coisas

não

CAPÍTULO 3

CLASSE SOCIAL GUETO (CSG)

(consciência, resistência, afirmação, futuro)

Neste capítulo, mergulhamos na vida do gueto como uma classe social. Não é só vulnerabilidade, mas cultura, resistência e potência. Os versos revelam interações, preconceitos e as complexas camadas que formam o universo do gueto.

Ronaldo nos convida a enxergar além do estereótipo: o gueto é força, história e transformação.

Cada poesia é um convite à reflexão, para valorizar origens, romper barreiras e celebrar a identidade.

acabou

agora è

paz e amor

è tudo

brincadeira

nada

tem maldade

falácias

sem verdades

bullying

é vaidade

chorar

è sacanagem

tudo

è sem intenção

sem discriminação

eu vejo

eu vejo

quando vejo

que você me vê

vejo

você rindo

do meu

jeito de ser

do meu penteado

da minha atitude

do meu dialeto

vejo

em seus olhos

entristecer

sua boca

espumar

coração

latejar

suas pernas

bater

tremer

desequilibrar

troca a fita

meu amigo preto

meu irmão preto

meu ficante preto

meu funcionário preto

meu repórter preto

mel tal preto

enfim

bizorão

assim

denominavam

todos os pretos

de óculos escuros

em meio

a população

quando

não era isso

denominavam

ladrão

se o cabelo

era grande

caia direto

na detenção

mas o preto

resistiu

não desistiu

assumiu

cabelo

black

trançado

despenteado

raspado

hoje o preto

é barril

óculos

escuros

claros

transition

não importa

o preto

bate de frente

o preto

entra

pela porta

linda e natural

olha a nega

do cabelo preto

lindo sem pentear

quando ela passa

na baixa do tubo

a galera

começa a gritar

olha ela aí

chama ela aí

pra quê?

quero

elogiar

nega

tão linda assim

abre-alas

pra ela passar

minha filha

a coisa mais linda

que Deus abençoou

agora é crescida

nascida no gueto

sorrindo pra vida

axé

seja tão forte

quanto ser mulher

CONCLUSÃO

Chegamos ao fim desta jornada poética, mas a luta e a reflexão não param aqui.

"Eu Grito o Gueto" é mais do que palavras em papel — é história, resistência e consciência.

Cada verso é um convite para olhar, sentir e agir, para enxergar o gueto não apenas como cenário de dificuldades, mas como força viva e transformadora.

Que essas poesias inspirem orgulho, reflexão e ação em todos que as leem.

O gueto fala, resiste e nunca se cala.

AGRADECIMENTOS

À minha família e à minha gente do gueto, por cada ensinamento e risada.

Àqueles que lutaram antes de mim, pelos quais carrego orgulho e memória.

Aos amigos, mestres e poetas que compartilharam saberes, rimas e coragem.

E a você, leitor(a), que mergulhou nessas páginas: obrigado por ouvir, sentir e refletir.

Este livro é nossa voz, nossa história e nossa resistência.

SOBRE O AUTOR

Ronaldo Santiago nasceu e cresceu em Salvador, na Bahia, imerso nas ruas e nos guetos que moldaram sua identidade. Ronaldo transforma suas experiências de vida em versos que refletem a realidade do gueto, a resistência negra e a força da comunidade.

Sua escrita é visceral, direta e carregada de autenticidade, combinando memória, consciência social e crítica ao racismo estrutural. Sem precisar de diplomas formais, ele se formou na escola da vida — o gueto — e construiu uma voz potente que ecoa histórias de luta, orgulho e superação.

Ronaldo é um observador atento da sociedade, um narrador da vida cotidiana e da cultura negra brasileira. Seu trabalho busca inspirar, provocar reflexão e afirmar a riqueza da identidade preta, valorizando a ancestralidade e a força do povo negro.